CAUSES DE LA MISÈRE

ET

MOYENS POUR LA DÉTRUIRE;

ABOLITION

DE L'IGNORANCE, DE L'USURE, DE L'EXPROPRIATION, DE LA FAILLITE,
DE LA PRISE DE CORPS POUR DETTES, DU MANQUE DE TRAVAIL
ET DE LA MENDICITÉ,

par

Louis-Joseph BOUVÉRY,

à la Croix-Rousse.

« Sans l'union point de droit, et sans le droit
« pas de force. » Telle est l'opinion de la
démocratie.

LYON.
IMPRIMERIE DE DUMOULIN ET RONET,
Rue Saint-Côme, 6, au 1er étage.
—
1848.

Lyon. — Imp. Dumoulin et Ronet.

PREMIÈRE CAUSE.

—

L'ignorance.

L'ignorance est la mère ou la nourrice de l'esclavage, de tous les préjugés, de toutes les superstitions et fausses doctrines humaines et déloyales. L'ignorance fournit les moyens d'existence à la calomnie ; dont les ambitieux se sont servis et se servent encore actuellement pour diviser l'opinion populaire, dans le but d'anéantir sa puissance ; car le peuple ne sera souverain de son droit qu'autant que l'ignorance sera complètement détruite.

Résultat de l'ignorance.

Pendant des siècles, le parti dominateur a fait croire aux peuples que les potentats recevaient leur couronne de Dieu ; et pour mieux cimenter dans l'opinion vulgaire cette grossière superstition, on célébrait le sacre ; là, un des premiers ministres de la Divinité, déposait sur le front royal un peu d'huile divine, qu'un ange, sous forme de colombe, avait apportée du ciel dans son bec. Il en résultait que tout acte despotique était sacré, et que toute idée de protestation était un attentat à la Divinité.

Bon peuple, devine pourquoi?

Aujourd'hui, des esprits illégaux veulent nous faire croire que toute propriété vient de Dieu. Si cette hypothèse est vraie, toute idée de réforme sociale est un sacrilége, toute la fortune de papa Philippe, de ses consciencieux ministres, de tous les accapareurs et voleurs, est une fortune bien acquise.

Jacques Bonhomme, devine pourquoi?

Du haut de la tribune sacerdotale, on nous dit : « Qu'il est plus difficile à un riche d'entrer en paradis, qu'à un chameau de passer par le trou d'une aiguille.

Peuple, devine pourquoi?

Je ne blâme point ces gens-là, ils ont raison d'employer des moyens puissants pour rendre le pauvre peuple plus apte à supporter son infortune avec courage et résignation ; ce qui me console c'est que, si Jacques Bonhomme est misérable, humilié et méprisé dans ce monde, il sera heureux dans l'autre, vu que tous les riches iront en enfer et le pauvre Jacques en Paradis.

Qu'en dis-tu, Jacques Bonhomme?

Je ne sais si Satan leur permettra d'avoir seize plats à chaque repas, un domestique pour couper leur pain et leur verser à boire. Quoi qu'il en soit, nous n'aurons pas l'obligation de leur faire des manteaux fourrés pour l'hiver.

Destruction de l'ignorance.

Pour détruire l'ignorance, il faut donner au peuple le pain de l'intelligence, c'est-à-dire, une instruction pure, religieuse, républicaine, dégagée de tous préjugés et de toute superstition. Car, il ne suffit pas, pour former de bons citoyens, de leur apprendre à lire et à écrire, il faut au surplus, leur faire connaître leurs devoirs, tirés des conséquences des trois principes de liberté, d'égalité et de fraternité. Ce serait s'induire en erreur que de supposer, comme nos esprits vulgaires, qu'il est à propos d'initier l'esprit de l'enfant aux anciens préjugés de la morale : Que peut-on attendre d'un sujet à qui l'on fera croire que Samson, pour se venger des Philistins, prit trois cents renards, qu'il lia par la queue, leur attacha des flambeaux, les lâcha ensuite au milieu de leurs champs pour ravager leurs moissons? C'est l'Écriture-Sainte, j'en conviens, respectons-là; mais au lieu d'imprimer des exemples de haine et de vengeance dans l'esprit de l'enfance, semons dans son cœur des sentiments de fraternité et de patriotisme, donnons-lui des idées claires et précises du monde en général.

Qu'en penses-tu, Jacques Bonhomme?

J'en pense bien; mais on ne m'a jamais parlé que de Samson et de ses cinq cents renards.

DEUXIÈME CAUSE.

Concurrence illimitée. — Exemple du système Thiers.

Dans un département, un honnête maître de poste était propriétaire de deux diligences, avec lesquelles il faisait con duire les voyageurs, moyennant une taxe raisonnable. Un richard, son voisin, pour tripler rapidement sa fortune, mais légalement, dit en lui-même, après avoir réfléchi sur diverses entreprises : mon voisin n'est pas homme à concevoir de grandes affaires, puisqu'il ne sait pas exploiter avec succès son industrie. Or commençons à lui faire concurrence, j'en ai le droit, nous sommes en liberté; ainsi, d'après la taxe qu'il établit, je suppose qu'il ne peut être bien riche; par mes prévisions, sa fortune ne dépasse pas dix mille francs. C'est une affaire de six mois, et comme dit le laboureur, il faut semer pour recueillir. Aussi, un mois après ces nobles idées, il mit deux voitures sur pied, et de vingt francs qu'était la taxe fixée par son concurrent, lui la réduisit à quinze francs; ce qui obligea le vieux maître de poste à en faire autant; et de quinze elle fut réduite à dix, puis à cinq. A peine cinq à six mois furent écoulés, que l'honnête vieillard fut obligé d'abandonner son industrie et de se retirer ruiné, endetté ou plutôt réduit à la mendicité. L'ennui le poursuivant, il ne tarda pas à mettre les pieds dans la tombe, et par suite, sa vieille épouse; son adversaire put tout à son aise, élever sa taxe de cinq à quarante; ce qui excita le mécontentement des voyageurs qui juraient et tempêtaient; mais quarante lieues les forçaient de satisfaire à la nouvelle taxe.

Je veux bien qu'il soit permis d'établir des concurrences ; mais des concurrences d'habileté et de perfection : car tout système qui abolit l'émulation est dangereux pour la société. Je n'approuve pas qu'il soit légal de semer afin de pouvoir recueillir honnêtement la fortune et l'industrie de son voisin. Je voudrais aussi qu'on pût vendre les choses au degré de leur valeur, et non au degré du besoin. Par exemple, où les entrepreneurs sont nombreux, on ne se hasarde pas trop à semer, parce qu'il faudrait trop de semence et que l'hiver pourrait arriver avant la récolte; mais c'est à celui qui peut livrer à plus bas prix que recourt la pratique. Pour cela, on

...ploie tous les moyens imaginables; on diminue le salaire de l'ouvrier, on le force à travailler 14 à 17 heures par jour, on falsifie les marchandises; car, à dire vrai, il n'est sorte d'ingrediens mal sains qu'on introduise dans les aliments qui sont un poison lent pour le corps humain.

Dans la fabrique de Lyon, on fraude, s'il est possible, ou fait payer des racommodages que quelquefois on oublie de faire. Il en est qui n'osent pas toutefois réduire entièrement le salaire de l'ouvrier, par le motif que s'il ne mange qu'un peu de pain détrempé dans une soupe au sel et à l'eau, il ne serait pas assez fort pour passer la navette. Ils arrivent à un point que leurs premiers commis et dessinateurs seulement reçoivent un salaire; les autres sont sous prétexte d'apprendre le commerce. La seule cause, à cet égard, c'est la concurrence illimitée; par le moyen de cette odieuse arme, sur cinq cents négociants lyonnais, il suffit d'en avoir cinquante aux idées du *richard* pour forcer le fabricant consciencieux et tous les autres également à les imiter jusqu'à un certain point. De cette première cause, et de l'usure qui est la seconde, naissent la faillite et le manque de travail. Il en résulte que voulant toutefois vendre à bon marché, les circonstances les forcent plus tard à vendre cher pour couvrir les pertes provenant de la faillite, surtout s'ils ont intention de tripler ou quadrupler rapidement leur fortune.

Qu'en dis-tu, Jacques Bonhomme?

Que et, que et, que et, que et.

Tu tousses, Jacques?

Ce n'est et que, et que rien, ex que u ce moi? Ce n'est qu'une toux d'irritation. Mais je ne veux travailler plus que quinze heures, et dimanche ma femme me mettra vint-cinq sang-sues, elle me fera quelques bouillons d'herbes, c'est l'ordonnance du médecin.

Destruction de la concurrence illimitée.

L'Etat devrait décréter l'abolition de cette vile concurrence; et pour arriver à une parfaite exécution en tout et partout, il devrait établir dans les villes, les cantons et bourgs, des bazards et des entrepôts d'après le plan du citoyen François Coignet, où se feraient les ventes et les achats de tout produit au prix de sa valeur, d'après l'expertise d'un Comité d'appréciation.

TROISIÈME CAUSE.

—

L'usure. — Moyens pour la détruire.

Article 1er. Tous les capitalistes français sont autorisés à s'associer librement et volontairement, pour fonder une banque nationale, unique et générale.

Art. 2. Elle se constituera banque de prêt, d'escompte et de change.

Art. 3. Cette banque garantit une rente de quatre pour cent à tout capitaliste français qui lui confiera ses capitaux.

Art. 4. Elle est autorisée à mettre des billets de banque en circulation pour une somme égale à son capital réel, et à l'excédant de son actif sur son passif.

Art. 5. Les billets de la banque seront garantis par l'Etat, pour son capital réel, et pour l'excédant de l'actif sur le passif, ce qui n'en changera jamais la valeur réelle ; car ce ne seront que des titres d'hypothèques, et en supposant que, pendant une saison, le nombre ne soit pas aussi fort que pendant une autre, la banque en sera quitte pour les garder dans sa caisse, sans en payer aucun intérêt, puisque l'émission sera sans frais.

Art. 6. Elle prêtera la somme demandée depuis cinq francs jusqu'à   pour un jour comme pour   et à terme illimité ; c'est-à-dire, que l'emprunteur la rendra selon sa volonté, sous la condition qu'il en payera un intérêt au cours, et qu'il en donnera une garantie en propriétés, de quelque nature que ce soit, lui appartenant ou par caution.

Art. 7. La banque donnera toute facilité pour le paiement des intérêts, le débiteur pourra les payer par douzième.

Art. 8. Elle prêtera sur dépôt de titres de rentes, coupons d'actions, sans parler des titres d'hypothèques, parce que du jour de l'établissement de la banque nationale, ils seront bientôt anéantis, et tant qu'il en existera elle fera des avances sur dépôts.

Art. 9. Elle escomptera les effets de commerce au même taux que le prêt.

Art. 10. Elle fera une retenue de   sur le change soit en billets, soit en espèces.

Art. 11. Tout prêt sera réputé privilégié, c'est-à-dire, considéré comme créance hypothécaire (1).

Art. 12. Le prêt individuel sera maintenu, mais il ne jouira d'aucun privilége, c'est-à-dire, qu'il ne sera considéré que comme créance chirographaire.

Art. 13. Le taux du prêt individuel sera fixé au quatre pour cent.

Art. 14. Il ne pourra exister en France aucune autre banque, soit particulière, soit par association.

Art. 15. Toute personne qui devra à la banque, qui, pour faire un bénéfice, prêtera individuellement, sera poursuivi pour vol de confiance.

Art. 16. Tout débiteur qui vendra une propriété hypothéquée, sans en avertir la banque, sera poursuivi pour vol de confiance.

Art. 17. Si, par le fait du hasard, elle était obligée de s'emparer de la propriété du débiteur, elle le fera sans frais de saisie, sauf les frais occasionnés par la vente, afin de pouvoir prêter aux petits propriétaires les sommes dont ils auraient besoin, et auxquelles une saisie de quatre-vingts à cent francs mettrait obstacle; hors, le cas où il y aurait cautionnement, elle fera ses efforts pour ne pas laisser vendre les objets au-dessous de leur valeur.

Art. 18. Il ne pourra être délivré un passeport pour l'étranger, sans un permis de la banque nationale.

Art. 19. Tout prêt de la banque sera secret, sauf pour cause majeure.

Art. 20. Tout employé de la banque, en entrant en fonction sera obligé de prêter serment du secret pendant sa vie.

Tout fonctionnaire, employé à la dite banque, qui violera son serment, sera destitué immédiatement et sera passible d'une peine; il en sera de même pour les ex-employés, lesquels ne pourront plus rentrer en fonction.

Art. 21. Tous les frais de la banque se prélèveront sur son avoir au prêt.

(1) Afin que le petit propriétaire et celui qui ne possède rien, puisse y puiser tout avantage, la banque se rendra caution des mobiliers, meubles, immeubles; pour que le propriétaire ne puisse s'y opposer, elle lui garantira quatre mois de location.

Art. 24. elle fera une balance générale, tous les trois à six mois de l'année, afin de déterminer le taux du prêt. Le taux des trois ou six mois précédents sera celui des trois ou six mois suivants :

La banque fera un recensement tous les six mois ou tous les ans, afin d'avoir les noms, prénoms et domiciles de toutes les personnes majeures. Elle se confiera au demandeur pour tous les prêts de quatre à cinq mille francs; mais si celui-ci trompait la banque, il encourrait les peines les plus graves.

L'état statuera sur le genre de billets à émettre, et sur les clauses et conditions de l'emprunt : et sur la somme à prêter à l'égard d'une propriété sujette à dépréciation ou non-dépréciation.

Organisation de la Banque.

Le point central de la Banque nationale sera à Paris; des directions départementales aux chef-lieux, des sous-directions aux arrondissements; des bureaux de subdivisions dans chaque canton; elle sera placée sous la direction d'un Gouverneur général et d'un conseil d'administration siégeant ainsi que le Gouverneur à Paris. Le Gouverneur sera nommé par le suffrage universel; les directeurs de chaque département seront nommés, au suffrage universel par les électeurs de leurs départements respectifs; et les sous-directeurs par ceux de leurs arrondissements; ils seront rééligibles d'après les statuts de la banque.

Le Conseil d'administration sera élu par l'Assemblée nationale et sera aussi rééligible par section. Les inspecteurs ambulants, chargés de surveiller l'administration de la banque seront nommés par l'Assemblée nationale. Les employés subalternes ne pourront être reçus qu'après examen devant une commission composée du directeur et des sous-directeurs de chaque département, et ne seront admis qu'après avoir reçu l'approbation du Conseil général.

Les statuts de la banque seront faits par l'Etat, tout fonctionnaire sera obligé de les suivre scrupuleusement et sera responsable de ses actes.

Les bureaux de cantons rendront compte à leur sous-direction, les sous-directions à leur direction, et les directions au point central.

Afin que l'amour propre du citoyen ne se trouve jamais blessé, les établissements de la banque nationale devront être disposés de la manière suivante : Ils devront avoir une porte d'entrée et une porte de sortie, une salle d'attente ; les citoyens ne pourront entrer que un à un dans les bureaux ; ceux-ci devront être disposés de telle sorte que l'on ne puisse voir ce qui s'y passe.

OBSERVATION. L'argent manquant de toute part, l'avance à faire sur défaut de titres de rentes et coupons d'actions, avances qui se font rarement aujourd'hui, le taux diminue de moitié, la facilité de pouvoir emprunter et rendre à volonté soit pour achats de bestiaux, terrains etc., etc., etc., et ce qui est presque inévitable, la généralité des affaires se feront au comptant. D'après ces avantages, personne ne peut douter qu'elle n'ait en sus de son passif une somme énorme prêtée, laquelle produira intérêt et qui ne coûtera rien à la banque.

En ajoutant à la rente provenant de cet excédant le bénéfice immense procuré par le change, au moyen de plusieurs milliards en billets de banque, en circulation dans toute la France : Je suppose que le taux du change soit à vingt-cinq centimes pour cent, il ne sera pas rare de voir un billet de mille francs se changer vingt fois pendant le cours d'une année, ce qui produit cinquante francs de bénéfice.

Tous ces puissants moyens doivent nous faire conclure que le taux de l'intérêt descendra de trois à trois et demi.

Si la Société établissait les bazards et les dépôts du citoyen François Cognet qui ne sont qu'une banque de produits où se ferait la vente et l'achat de tout objet, la banque nationale s'en constituerait le débiteur et le créancier ; et serait aussi le débiteur et le créancier envers les particuliers. Dans cette circonstance, elle changerait sa forme. Tout effet de commerce serait aboli, d'où il résulterait l'abolition de l'escompte. Toute vente faite par la banque de produit se fera au comptant ou avec facture portant intérêt ; tout escompte de vente et d'achat sera aboli ; car, actuellement le marchand qui achète au comptant gagne par l'escompte selon le genre de commerce de sept à douze francs pour cent, ainsi que pour la vente. Il en résulte que le petit marchand obligé d'acheter à crédit et de vendre au comptant perd de quatorze à vingt-quatre francs, mais la banque de produits établie, il en sera quitte pour payer l'intérêt de sa facture dont le taux serait de deux à deux et demi au plus; comme il est expliqué ci-dessous.

Tout produit, vendu aux commerçants pour revendre, sera livré au comptant ou avec facture, et à condition qu'il en offrira une garantie.

Tout objet de luxe, fantaisie, coquetterie, vendu aux particuliers pour leur usage, sera livré au comptant ou avec facture, à condition qu'il offrira une garantie, lorsque la vente sera à crédit; tout objet de nécessité vendu aux particuliers sera livré au comptant ou avec facture, quoiqu'il ne puisse en offrir une garantie, jusqu'à un certain degré; car si la banque de produit ne livrait qu'aux particuliers qui ont de l'argent et des propriétés, les réformes ne seraient plus qu'à l'avantage du riche. Pourtant les réformes sociales en général doivent être faites au profit de tous et particulièrement pour le prolétaire plus en rapport avec le besoin que le riche; et une fois arrivé à ce degré de réforme, on pourra donner à l'ouvrier un salaire suffisant pour qu'il puisse vivre honorablement et vendre les marchandises à plus bas prix. Et celui-ci sachant que, s'il ne s'acquitte pas envers la banque de produits, il ne pourra plus lui être livré de marchandises; et qu'il ne pourra plus emprunter à la banque nationale, il est inévitable qu'il fera tous ses efforts pour se décharger à cet égard.

Je suppose qu'il survienne des pertes, elles seront supportées par la banque de produits, en supposant que ces pertes s'élèvent à un million par année, quoiqu'il ne soit pas possible qu'elles puissent atteindre ce chiffre (peut être tout au plus la moitié). La circulation annuelle étant de trente milliards, ce sera un million à prélever sur cette somme, un million sur trente milliards est tout au plus sensible.

Après la vente d'un produit déposé, le propriétaire en sera averti immédiatement et pourra se présenter à la banque nationale pour en recevoir le montant; et s'il ne le retirait pas, son produit ne sera réputé créance et la banque ne lui en garantira intérêt qu'un mois après qu'il aura été vendu.

Le fabricant qui achèterait du cocon ou de la soie, s'il ne payait au comptant, la banque lui ferait facture; le marchand qui en achèterait le tissu s'il ne pouvait payer an comptant, elle ferait aussi facture;

Le particulier qui achèterait une bureille de vin ou un sac

de blé, s'il ne payait comptant, la banque lui ferait facture : Une bareille de quarante francs pour deux, quatre ou six mois, ne produirait que le minime intérêt de vingt à quarante centimes ; d'après un tel calcul, le montant des factures réunies serait presque incalculable ; et du montant général de ses résultats, la banque nationale en retirerait intérêt ; et sans aucun frais, puisqu'elle ne fait aucun déboursé, et en réunissant ces milliards avec ceux qu'elle aura à avancer sur les trente de produit (La banque nationale fera des avances aux particuliers sur dépôt de toute marchandise, d'après une reconnaissance de la banque de produits). Les avances qu'elle fera sur dépôt de titres de toute sorte, le prêt à tout citoyen fait pour son usage, soit pour commerce, achat de terrains, maisons etc., etc., etc., ajoutant encore le bénéfice que lui procurera le change par la quantité de billets mis en circulation, le montant de ses résultats formera l'actif de la banque nationale. Or, je crois, qu'on peut, sans exagérer et sans se tromper l'évaluer de trente à trente-cinq milliards ; et en supposant que son passif soit de quinze à dix-huit milliards, c'est le chiffre le plus haut, il en résulterait que l'actif serait le double du passif, ce qui baisserait le taux du prêt au deux et tiers ; mais pour plus d'exactitude, je le mets au deux et demi, en ôtant les frais d'administration ; comme le taux au deux et demi ne serait presque plus un avantage pour les propriétés rurales, vu que la vente monterait au-dessus de la valeur. Toutefois, comme la société a des milliers de besoins à satisfaire : ainsi, par exemple, ces malheureux qui sont obligés pendant les rigueurs de l'hiver de stationner sur les places publiques, couverts de haillons, où ils montrent à la pitié des passants leurs infirmités, en réclamant charitablement le denier d'autres, qui, après avoir travaillé quatorze à dix-sept heures par jour, jusqu'à l'âge de soixante à soixante et dix, pour nourrir et entretenir le corps social, sont obligés de se promener de porte à porte pour mendier un morceau de pain. Eh bien ! en prélevant vingt-cinq centimes pour cent sur trente-cinq milliards on obtiendrait à peu près quatre-vingt-sept millions, avec ces quatre-vingt-sept mil ions, la société pourrait nourrir deux cent cinquante mille de ses enfants ; en prélevant cinquante centimes, qui produiraient une somme de 174 millions, elles pourraient nourrir cinq cent mille particuliers tant vieillards qu'infirmes; et le taux ne serait qu'au trois pour cent; une retraite ne serait point une humiliation, puisque toute la société y contribueraient et généralement le prolétaire.

Quelques personnes diront peut-être que si le capitaliste n'est pas forcé de prêter à la banque, il pourra disposer de ses fonds autre part.

PREMIÈRE OBJECTION. Le capitaliste préfèrera certainement prêter à la banque, qui lui donnera une garantie sûre, qu'aux particuliers qui ne pourront (d'après ce qui est dit plus haut) lui en donner, vu qu'il est à craindre que, dans ce cas, il coure risque de perdre ses intérêts et son capital, d'autant plus que le débiteur peut prendre hypothèque de ses biens, en empruntant à la banque nationale.

2me OBJECTION. S'il arrivait que par peur ou par malice les capitalistes retirassent leur capitaux à la banque, celle-ci s'en apercevrait incontestablement; dans ce cas, elle ferait les remboursements en papier-monnaie, arrêterait le change, ou y mettrait des conditions, et resterait en définitive, disponible de leurs capitaux.

3me OBJECTION. Il est certain que le capitaliste dira que réduire le taux de cinq à quatre pour cent c'est lui voler un cinquième de sa fortune.

En cela, je puis représenter aux riches propriétaires que pendant trente ans consécutifs, leurs fermes n'ont produit tout au plus que le quatre pour cent, sans y comprendre leurs divers frais, impositions et réparations, etc.

Si le capitaliste n'a prêté à un taux plus élevé que le taux légal cinq pour cent, ses capitaux lui ont rapporté à peu près quatre pour cent, ayant égard au chômage, frais de procès, pertes, courtage, etc., etc.

Avantages de la Banque.

Les avantages de la banque sont :

1° De fournir à la société tous les capitaux dont elle peut avoir besoin.

2º De doter la France de vingt milliards, en rendant à la propriété sa réelle valeur.

Observation. Ce qui est cause qu'aujourd'hui la propriété, surtout la propriété rurale, ne peut trouver d'acquéreurs à aucun prix, c'est que le riche n'achète pas, vu que le capital rapporte plus que la propriété; et que les petits fermiers ou les prolétaires des campagnes ne peuvent acheter, vu que leur acquisition leur produira de trois à trois et demi pour cent, tandis qu'il faudra, pour en faire l'achat, qu'on emprunte au cinq ou au six; ajoutez à cela les frais d'obligation, ce qui porte pour ainsi dire au sept pour cent; en sorte qu'empruntant à des termes fixes, pour trois, quatre ou six années, s'il ne peut faire face à l'echéance, il en résulte une expropriation, et son acquisition, montant à mille francs, ne sera revendue que sept à huit cents francs, plus les frais d'expropriation, l'acquéreur sera, de cette manière, ruiné et endetté.

3º D'empêcher aux notaires cupides et débauchés de faire faillite de plusieurs millions, ce qui se voit de nos jours.

4º D'empêcher aux vils intrigants d'établir de beaux magasins pour s'accréditer aux yeux du public, lesquels ne pouvant plus, ou ne voulant plus poursuivre leur intrigue, font appeler leurs créanciers et leurs disent : le commerce est devenue ingrat et les pertes que nous avons éprouvées nous forcent à une liquidation. Ainsi, nous nous déclarons en faillite, vous pouvez disposer de tout ce que nous possédons ; d'où il résulte que les créanciers, en plus grand nombre qu'ils ne le pensaient, soit les uns, soit les autres, se trouvent dupés de leur imprévoyance.

5º D'offrir de grands avantages aux entrepreneurs qui voient souvent leurs entreprises s'exproprier avant qu'elles soient achevées; soit que les créanciers les convoitent, soit que souvent ils ne puissent trouver de l'argent; et comme ils leur en faut continuellement, pour les fournisseurs et les ouvriers, ils sont obligés d'avoir recours à ce qu'on appelle vulgairement la petite semaine, dont l'intérêt est fixé au degré du besoin : c'est ce qui les ruine.

6º De procurer à toute personne la facilité de trouver de argent à vol onté, et avec tous les avantages possibles.

7º La banque nationale offre au commerce des avantages précieux.

7º De présenter des avantages immenses aux associations naissantes, en leur offrant tous les capitaux dont elles peuvent avoir besoin ; et de les mettre, par ce moyen, à l'abri de l'usure qui fait tous ses efforts pour en arrêter les progrès.

CAUSE DU MANQUE DE TRAVAIL.

> Plus un pays est peuplé, plus il est riche.
> Tout dépend de l'organisation sociale.

DIALOGUE ENTRE L'HOMME DU PEUPLE ET LE MALTUS ANGLAIS.

Maltus. — Qui ne peut vivre doit mourir, tel est le système de mon pays !

L'Homme du peuple. — Quel est ton pays ?

Maltus. — L'Angleterre.

L'Homme du peuple. — Ah ! ah !... mais je ne suis point Anglais, j'ai le cœur *français*.

Maltus. — Ignorez-vous que si le peuple français est misérable, il existe une autre cause que celle de l'exploitation de l'homme par l'homme, c'est l'augmentation des masses qui fournit trop de bras à l'industrie et au commerce, ce qui est cause du manque de travail. Pour remédier à cet inconvénient, il faut à la France non un Philippe, le père de la corruption, mais un *barbare* !...

L'Homme du peuple. — Un barbare !

Maltus. — Oui, un barbare ! car si Philippe a exploité la bourse, celui-là exploitera l'homme.

L'Homme du peuple. — Et comment ?

Maltus. — A l'affut du *canon*.

L'Homme du peuple. — C'est la pensée d'un Anglais et non d'un Français.

Maltus. — Vous n'avez pas d'autres moyens.

L'Homme du peuple. — Pour des barbares, c'est vrai ! mais la France républicaine pense plus noblement.

Maltus. — Comment donc ?

L'Homme du peuple. — Je vous rappellerai d'abord ce que dit un ministre de Philippe qui passe actuellement le reste de sa vie dans votre soi-disant noble Angleterre : N'est-il pas vrai, dit ce ministre, que les biens de la couronne sont endettés ? Cela n'est pas étonnant, répondit un certain monsieur, elle achète toujours. Aussi, ce n'est pas non plus étonnant que le prolétaire soit sans travail, personne ne peut acheter, et en voici les causes :

1º Le tailleur est désœuvré parce que le prolétaire sans ouvrage ne fait pas faire de vêtements ; le marchand-drapier est désœuvré parce que le tailleur sans ouvrage ne peut acheter du drap ; le fabricant-négociant de drap est désœuvré parce que le marchand-drapier ne faisant pas de vente ne peut faire fabriquer des draps ; (d'où il résulte que le fileur, le mécanicien, le teinturier, le plieur, la lisseuse, la remetteuse et tordeuse, le fabricant de battanst, le navetier, la canetière, le tisseur, le fouleur et l'apprêteur, etc., etc., se trouvent encore sans ouvrage ; le marchand de laine est désœuvré parce que le fabricant de drap ne travaillant pas, ne peut acheter des laines ; le fermier ne peut vendre la toison de ses moutons, parce que le marchand de laine ne faisant pas de vente ne peut acheter ; le cultivateur ne peut pas payer le cens de sa ferme, parce qu'il ne peut en vendre les produits ; le propriétaire ne peut payer ses impôts parce qu'il ne peut retirer la rente de ses propriétés. De cette manière, l'Etat ne pouvant retirer les impôts ne peut subsister.

Maltus. (interrompant l'Homme du peuple) s'écrie : La cause !...

L'Homme du peuple. — La cause provient de la circulation de salaires, laquelle est si basse qu'elle est presque tarie sur tous les points ; cette circulation est un courant d'eau bienfaisante qui prend sa source dans les villes, traverse les campagnes, revient à la ville. Ainsi, de la ville à la campagne, passe à l'étranger, parcourt la terre d'un bout à l'autre, tandis que la fortune n'est qu'une eau croupie, qui fait peu de mouvement, à l'aide de la circulation dont l'ordre social est le créateur et le guide. Ce même ordre a le droit et la puissance de la faire baisser et monter à volonté et de la faire déborder par torrents.

Maltus. — C'est vrai, mais comment !

L'Homme du peuple. — Je suppose qu'il existe un million de prolétaires dans le département de la Seine ; et qu'il soit alloué à chacun un franc par jour en sus de ce qu'ils reçoivent aujourd'hui, ce qui produirait un million, cette somme serait versée dans la circulation, et des mains des prolétaires passerait dans celles des commerçants ; ceux-ci en remettront une partie aux manufacturiers, l'autre partie aux cultivateurs ; ceux-ci ne recevraient leur part que pour la retransmettre aux commerçants ou aux industriels ; ce qui occasionnerait une double circulation. Or, en additionnant le million des prolétaires, celui des commerçants, les cinq cent mille francs des manufacturiers, ainsi que les cinq cent mille francs doublés par le cultivateur, on obtiendra un effet de trois millions cinq cent mille francs ; et pendant ce mouvement, la fortune pourrait retirer cinq cent mille francs qui produiraient encore quatre pour cent par an, ce qui réduirait la circulation à trois millions. Laissant de côté ce résultat pour ne nous occuper que de la circulation, je dis : trois millions lesquels répétés trois cent soixante-cinq fois, produiraient une circulation annuelle de un milliard quatre-vingt-quinze millions ; et si, au lieu de un franc ils recevaient deux ou trois francs, on trouverait deux milliards cent-quatre-vingt-quinze millions, ou encore trois milliards deux cent quatre-vingt-quinze millions. En supposant que dix millions de Français reçoivent, les uns dans les autres 1, 2 et 3 francs, il en résulterait une circulation annuelle de vingt ou trente milliards à peu près ; et le commerce, tout en gagnant moins, gagnerait plus, car au lieu de faire un inventaire de cent mille francs par an, il le ferait de cent-cinquante ou deux cent mille francs ; le propriétaire, tout en réduisant le prix de ses locations, gagnerait davantage, attendu qu'il n'éprouverait aucune perte ; le vigneron qui possède un vignoble de cinquante mille francs, mais qui n'en vaut plus que trente-cinq mille, vu que la valeur du produit est beaucoup diminuée; car une bareille de vin qui vaudrait quarante-cinq francs, ne vaut que trente-cinq francs; d'après cette augmentation, sa bareille et sa propriété reprendraient leur valeur. Nous pourrions, en agissant ainsi, nous passer de guerres civiles; nos représentants trouveraient d'autres amusements que ceux de l'émigration.

Maltus. C'est vrai! mais les réformes?...

L'Homme du peuple. — Pour la réforme sociale, il faut premièrement détruire l'usure, mettre la vente des productions à l'abri d'une foule d'intrigants, qui se font passer les produits de main en main pour en retirer des fortunes colossales; d'où il résulte qu'un objet qui vaut dix francs, se vend quinze à vingt francs au consommateur. Ainsi, que l'on garantisse à tout travailleur un salaire suffisant, pour que lui et sa famille puissent se nourrir et s'entretenir honorablement, selon l'usage de sa localité. D'où l'on peut conclure que plus il y a de travailleurs, plus le produit augmente, moins il y en a, moins le produit augmente, de même aussi, autant le travailleur produit, autant, en proportion, il consomme. Ce qui prouve que plus un pays est peuplé, plus il est productif.

J'ajoute encoré que certains commis, qui sont aussi des travailleurs, ne reçoivent point d'appointements, tandis que leurs patrons font des fortunes considérables, d'où l'on voit que le salaire que devrait avoir cette catégorie de travailleurs, se trouve compris dans la fortune du patron, il en résulte donc un produit qui ne rend pas de salaire et par là pas de consommation.

Maltus. — Bonsoir.

L'Homme du peuple. — Sans rancune!

La liberté s'oppose à la garantie du salaire,

La société est composée de travailleurs, divisés en trois classes : les travailleurs honnêtes, les mendiants et les voleurs. La première classe est digne d'honneur; la deuxième pitoyable; la troisième déshonorante et aggravante : celle-ci doit, ainsi que la deuxième, être abolie. Le riche ne vole pas comme le pauvre, celui-là vole honnêtement et celui-ci illégalement. Ce qui rend certains riches voleurs, c'est la cupidité; comme aussi ce qui rend certains pauvres voleurs, c'est la misère ou le manque de travail. Pour détruire ce désordre social, il faut détruire l'exploitation de l'homme par l'homme et l'agiotage. Pour éviter le vol parmi la classe laborieuse, il faut abolir la misère, par l'éducation républicaine, le travail et la destruction des lieux de débauche ; hors ces cas, s'il existe des malfaiteurs, au lieu de les enfouir dans des cachots, où ils sont livrés à l'indolence et démoralisés : il faut déporter les plus coupables dans les îles lointaines et les autres dans les colonies africaines, où ils seront livrés à la culture jusqu'à ce que le temps de leur exil étant expiré, ils puissent rentrer parmi la société.

1° *La liberté* s'oppose-t-elle à garantir un salaire au travailleur qui défend la société? Non.

2° S'oppose-t-elle à le garantir à ceux qui la dirigent moralement et physiquement? Non.

3° S'oppose-t-elle à le garantir à celui qui la dirige spirituellement? Non!

En conséquence, pourquoi s'opposerait-elle à le garantir à ceux qui nourrissent et entretiennent la société?

Je suppose que la liberté soit contre, la paix publique, l'intérêt social, l'humanité, l'égalité et la fraternité sont pour, il y a cinq voix contre une.

Qu'en dis-tu, Jacques Bonhomme?

J'en dis que vous avez raison ; mais le salaire de notre président sera-t-il garanti? Oui! Eh bien! le nôtre doit être aussi garanti, puisque nous sommes tous libres, égaux et frères.

Demande. Quelle différence faites-vous entre la fortune et la circulation du salaire?

Réponse. La fortune ne produit, en circulation, que le douze pour cent, tandis que le salaire produit deux cents pour cent par jour ou vingt-huit mille francs par an.

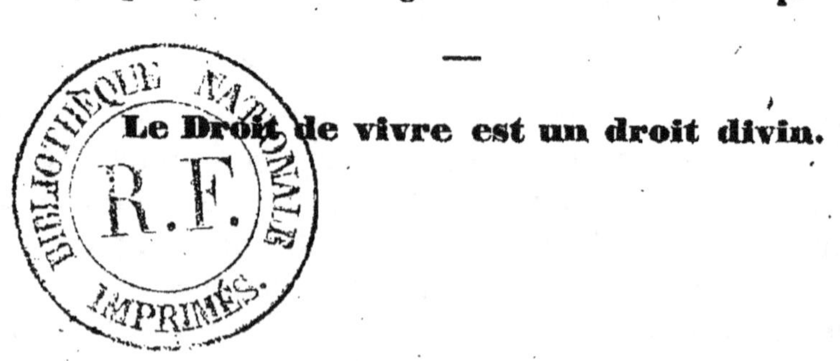

Le Droit de vivre est un droit divin.